LE FRÈRE DES ÉCOLES CHRÉTIENNES.

PANÉGYRIQUE

DU

BIENHEUREUX J.-B. DE LA SALLE.

PANÉGYRIQUE

DU

Bˣ J.-B. DE LA SALLE

PRONONCÉ

Par le R. P. H.-M. DE LAROIÈRE

DES FRÈRES PRÊCHEURS

Dans la Cathédrale de Nancy, le 27 mai 1888.

NANCY

IMPRIMERIE CATHOLIQUE DE R. VAGNER

3, Rue du Manège. 3

1888

Imprimatur.

Dic 25ᵃ Junii 1888.

Fr. B. CHOCARNE,
Vic. Provinc.

PANÉGYRIQUE

DU

BIENHEUREUX J.-B. DE LA SALLE.

Sinite parvulos ad me venire.
Laissez les petits enfants venir
à moi.   (S. MARC, 10, 14).

Monseigneur, (1)

Mes Frères,

Voilà un de ces mots tombés des lèvres de l'homme-Dieu, qui ont produit une révolution dans le monde : ils ont consacré l'enfance. Sans doute, Jésus-Christ est venu sauver tous les hommes ; mais, dans l'humanité, ils se trouvait des êtres qui avaient plus besoin de salut, parce qu'ils étaient plus misérables et plus impuissants, parce que leurs droits étaient plus méconnus, les enfants.

Le Seigneur a mis la main sur cette faiblesse ; il a fait plus : il a pris sur ses genoux ces délaissés, il

(1) Mgr Turinaz, évêque de Nancy et de Toul.

les a pressés sur son cœur, il les a sacrés de son amour, apprenant ainsi à tous la majesté de l'enfance et le respect qui lui est dû.

Cette parole du divin Maître a été entendue ; et de génération en génération, dans la famille et dans l'Eglise, d'autres Christs se sont levés, portant au cœur le même amour, et se sentant pour l'enfance abandonnée, pris de cette compassion céleste qui débordait du cœur de Jésus. Et nous voici, mes Frères, en présence d'un de ces Sauveurs de l'enfance et des plus illustres. L'Eglise transportée de reconnaissance pour son zèle et son héroïsme, ravie de son œuvre, l'Église vient de lui décerner le plus glorieux de ses hommages, en le plaçant sur les autels. Elle le présente ainsi tout ensemble, lui à notre vénération, et son œuvre à notre religieux respect, comme à notre plus juste admiration.

C'est là, précisément, ce que je voudrais faire ressortir devant vous, dans ce discours. Mettre en relief le Bienheureux de la Salle, le frère des écoles chrétiennes, le sauveur de l'enfance, en vous montrant par quelle conduite de la Providence, l'homme de Dieu a été amené à connaître sa vocation, et cette vocation connue, à fonder un ordre religieux, comme le moyen par excellence et le seul vraiment efficace, de réaliser pleinement le plan de Dieu : Sauver l'âme des enfants de l'ouvrier et du pauvre.

I.

Il n'y a rien d'important au monde, mes Frères, comme l'enfant, et voilà pourquoi toutes les puissances se le disputent, le ciel, la terre, l'enfer même.

L'enfant, en effet, c'est l'espérance ; l'enfant, c'est l'avenir. Aussi, tous les regards, toutes les pensées, toutes les ambitions sont tournés vers lui.

Aux temps qui précédèrent la délivrance des Hébreux, lorsque l'Egyptien, en se promenant le long de son fleuve superbe, voyait flotter sur ses eaux, comme une fleur du Nil, une de ces corbeilles de jonc qu'une femme suivait de loin d'un regard inquiet, il se disait peut-être : Ce n'est rien, ce n'est qu'un berceau, un enfant ! Ce n'était que cela, en effet ; et, cependant, ce berceau renfermait le châtiment du Pharaon, les prodiges de la mer Rouge, les tables du Sinaï, la gloire de Sion, les destinées d'Israël, et la lumière du monde : il renfermait Moïse.

Eh bien, mes Frères, il y a un Moïse dans tout enfant qui vient de naître : car cet enfant est appelé à une œuvre de salut, il doit se sauver et en sauver d'autres avec lui ; et c'est pour cela que le Christ a étendu sa main sur l'enfance, et l'a enveloppée de son amour, et c'est pour cela que l'enfance, c'est la grande sollicitude de l'Eglise.

Toujours il en a été ainsi. Mais, au XVIIe siècle, en particulier, il y eut, dans notre pays surtout, comme un mouvement immense en faveur de l'enfant, dans toutes les classes de la société.

Le protestantisme avait tout envahi et tout corrompu, le saint Concile de Trente posa les bases de la rénovation religieuse universelle et suscita partout d'admirables vertus et d'admirables dévouements. Or, l'enfant étant le point de départ de tout l'avenir religieux et social, ce fut vers la jeunesse, vers l'enfance, que se portèrent les plus vigoureux efforts. C'est dans cette œuvre de salut, dans cette réforme capitale que nous allons rencontrer notre Bienheureux et constater sa mission providentielle.

Toutes les âmes se valent devant Dieu. Jésus-Christ est mort pour les sauver toutes ; mais, dans cette multitude infinie, il en est, mes Frères, de plus exposées et de plus délaissées, il en est qui semblent condamnées, perdues à l'avance, tant l'abandon et le mépris les enveloppent de toutes parts. Pas une main n'est tendue vers elles, pas un cœur ouvert sur leur cœur, c'est le pauvre, c'est l'enfant du pauvre. Aussi, mes Frères, aimer le pauvre, c'est le signe de la religion chrétienne, sa marque glorieuse et indélébile ! *Pauperes evangelizantur*, les pauvres sont évangélisés : c'est par où elle l'emporte sur tous les autres cultes, comme sur toutes les œuvres des hommes, au témoignage de Jésus-Christ lui-même. Il s'est rencontré, en effet, avant le plein jour de l'Evangile, des prophètes, hommes puissants en paroles et en œuvres ; ils ont commandé à la nature, ils ont guéri des malades, ressuscité des morts ; mais le pauvre aimé, le pauvre enseigné, le pauvre évangélisé, c'est votre œuvre, ô Jésus ! et l'œuvre de ceux-là seuls qu'inspire votre amour et qu'anime votre cœur !

Notre Bienheureux fut de ceux-là ; il fit de sa vie comme une hostie vivante en faveur de cette double faiblesse, sacrée par le Christ, l'enfant et l'enfant du pauvre, et il a laissé après lui une œuvre unique, marquée au coin du suprême génie, comme de la plus héroïque sainteté, et qui, débordant de son pays sur le monde entier, raconte partout les merveilles opérées par un cœur français, au service de Jésus-Christ.

Ce fut, en effet, au cœur même de la France, que naquit Jean-Baptiste de La Salle, dans cette ville dont le souvenir se confond avec les plus anciens souvenirs de la monarchie, à Reims ; Reims, la ville de saint Remy, le convertisseur de Clovis et des premiers

Francs, la ville du sacre de nos rois, la ville d'Urbain II, le Pape des Croisades, de saint Bruno, le fondateur des Chartreux, Reims, la ville de Jeanne d'Arc aussi, car c'est sous les arceaux de sa cathédrale que se termina la mission triomphante de cette héroïne, c'est là « qu'elle fut à l'honneur » ; après, elle ne devait plus être qu'au martyre. C'est là, dans cette ville aux souvenirs si chrétiens et si français que naquit, en 1651, celui qui devait renouveler, pour l'âme des enfants de l'ouvrier et du pauvre, les merveilles opérées par saint Vincent de Paul en faveur de toutes les misères, de toutes les souffrances, de tous les dénûments.

Rien, dans les débuts de la vie de cet homme prédestiné, ne semble indiquer la mission qui sera l'honneur de son existence. Sa jeunesse est pieuse, studieuse ; il va à Dieu par la pente d'une nature que porte la grâce et qu'aucun vice ne détourne de sa voie ; — Dieu l'attire de plus en plus ; il est prêtre. Prêtre, il s'établit dans la sainteté et dans les œuvres de son état, comme un homme dont la carrière est fixée, et qui a jeté l'ancre de sa vie dans ce port assuré, d'où il ne doit plus sortir.

Ah ! ne vous étonnez pas, mes Frères, de ce silence de Dieu ! La sainteté dans une âme, c'est une terre préparée pour toutes les opérations divines ! Laissez venir l'heure du maître, laissez le grand semeur jeter en passant la semence, et déjà elle se lève, elle grandit, elle s'étend. C'est un arbre qui déploie son opulent feuillage, et les oiseaux y bâtissent leurs nids, et les hommes viennent se reposer à son ombre.

Jean-Baptiste de La Salle a trente ans bientôt. Il est honoré du sacerdoce, il est chanoine de la cathédrale, docteur en théologie ; il n'a plus à chercher sa route, il ne lui reste, ce semble, qu'à marcher fidèlement dans la voie de prière, de charité et de science ouverte devant lui. — Il n'en est rien cependant, et sa vie va seulement commencer. Dieu se prépare à agir et à lui montrer, dans des évènements inattendus, la voie nouvelle que sa Providence lui réserve.

Un ami du Bienheureux venait de mourir. Il avait fondé une école gratuite de filles, et laissé, comme chose toute naturelle, à son ami, le soin de continuer son œuvre. Ce sont là les testaments des Saints. A la même époque, un étranger frappait à la porte du pieux chanoine ; il était de Rouen, où déjà il avait créé des écoles gratuites pour les pauvres. Venu à Reims pour y tenter la même œuvre, il demandait au Bienheureux l'hospitalité. Le Bienheureux accueille cet homme de bien, qui se met à installer de paroisse en paroisse des écoles ; mais qui, un jour, fatigué, découragé par les épreuves, se retire, laissant au jeune chanoine le terrible fardeau de toutes les œuvres commencées. Le voyez-vous, mes Frères, notre Bienheureux, semblable à un homme sans enfants, qui se

trouve tout à coup en présence d'une famille d'adop-
tion sur laquelle il n'a pas compté, et qui, désormais,
va tout attendre de lui ! Que fait-il ? Il ne se rebute
point ; il s'incline devant la volonté manifeste de Dieu.
Pour cette œuvre, qui n'est point la sienne, pour ces
enfants, qui ne sont pas sortis de son cœur, il se fait
des entrailles paternelles, il dit adieu à tout son passé,
et se jette, à corps perdu, dans l'inconnu de la Providence.

Dieu le prend alors, le secoue profondément, le
sépare à coups d'épreuves de tout lui-même, le tourne
et le retourne dans le crible de la tribulation, et le
présente un jour à sa ville natale étonnée, à ses con-
temporains stupéfaits, mais ravis, à la France applau-
dissante, à l'Eglise deux fois heureuse, non plus seul,
mais entouré de petits enfants, à qui il montre,

> ...... avec un regard paternel,
> D'une main un vieux livre, et de l'autre le ciel (1).

L'Institut des Frères était fondé.

(1) H. de Bornier. -- Dialogue des statues.

II.

En ces temps de liberté religieuse où vivait le Bienheureux de La Salle, d'ordinaire, fonder une œuvre n'était pas difficile. L'intelligence des besoins de l'époque et le dévouement suffisaient. Les ressources arrivaient bientôt, et avec elles, la protection du pouvoir et la reconnaissance publique. Aussi les écoles se multipliaient à l'envi, et les demandes affluaient de toutes parts. Mais, comme ces édifices fragiles que des enfants élèvent dans leurs jeux, le premier choc, le moindre ébranlement suffisaient pour tout jeter à terre, et l'œuvre était toujours à recommencer. D'autres, avant M. de La Salle, s'étaient usés à ce travail, et le Bienheureux lui-même succombait à la tâche. Que manquait-il donc pour achever cet édifice, et lui donner, avec la solidité, la résistance et la durée même du granit ?

Il y manquait, mes Frères, ce souffle divin qui, détachant de plus en plus de la terre le fondateur et ses généreux disciples, devait, en les dépouillant de tout, les fondre avec leur œuvre, jusqu'à l'entier oubli d'eux-mêmes, de leurs intérêts, de leur avenir, de leur personnalité, ne leur laissant plus au cœur qu'une passion unique, l'amour de Jésus-Christ pour les enfants et pour les enfants du pauvre.

Or, rien de tout cela n'existait encore. Aucun lien religieux n'unissait ensemble le Bienheureux et ses associés ; le dévouement le plus réel ne pouvait empêcher ces hommes de considérer quelquefois l'avenir avec inquiétude, et les avenues de leur âme étaient trop ouvertes sur le dehors, pour que leur cœur dégagé et libre fût livré tout entier aux célestes attractions de leur ministère.

Le Bienheureux le comprit enfin, et il comprit en même temps qu'il devait donner l'exemple. Alors se passa une de ces scènes sublimes, fréquentes dans l'Eglise, mais que l'Eglise connaît seule, parce que seule elle est divine.

On vit ce saint prêtre songer au dépouillement complet. Dans un humble sentiment de défiance de ses propres lumières, il recourt à un homme de Dieu et lui demande les secrets du dernier renoncement. Sur ses avis, il quitte tout, famille, biens, honneurs ecclésiastiques, non pas en faveur des siens, non pas en faveur de la création dont il allait faire la base et la garantie de l'œuvre qu'il voulait fonder, mais en faveur des étrangers et des pauvres de la ville ; et pour mettre entre son passé et l'avenir une barrière infranchissable, il s'engage dans cet état à Dieu, et pour toujours, par les vœux de religion. Le sacrifice était complet et l'holocauste consommé !

Notre siècle se récrie contre les vœux de religion, il souffre de voir au front de ces hommes qui l'étonnent et qu'il ne peut s'empêcher d'honorer, ce signe qui les lie à jamais. Eh quoi ! voulez-vous enlever de la langue humaine, du cœur humain surtout, ce mot sublime : « Toujours », ce mot qui nous grandit jusqu'à Dieu, car il est l'éternité de l'homme ? Voulez-vous emprisonner le vouloir humain dans l'instant qui s'écoule, dans la minute qui passe, et l'empêcher de projeter cette volonté sur l'avenir. Voulez-vous, à l'heure la plus céleste de ma vie, quand le bien m'attire, que la vérité m'éclaire, que mes passions domptées se taisent, que Dieu m'apparaît dans les splendeurs du sacrifice et la gloire des dévouements, voulez-vous m'empêcher de m'écrier : « J'ai vu, j'ai compris ; à vous, à vous pour toujours. Terre, monde, gloire, beauté, amour, vous ne m'êtes plus rien ; j'ai touché votre poussière ! Eh quoi ! encore un coup, je pourrai descendre dans la bassesse et dans la honte, m'y ensevelir, et je ne pourrai pas prendre entre mes mains cette volonté si fragile et la fixer dans le bien, dans l'honneur, dans le dévouement, dans l'amour de mes frères ?... Oh ! c'est inadmissible. Ce serait renoncer au plus glorieux privilège de l'homme, ce serait diminuer notre nature et déshonorer notre cœur.

Non, mes Frères, les vœux religieux ne sont pas l'abdication de notre liberté, ils en sont, au contraire, la manifestation la plus glorieuse. C'est l'acte souverain de l'homme qui domine sa volonté et la rend inébranlable ; c'est l'homme, s'épanouissant en pleine lumière de la vérité et de la vertu, et qui se dit : « J'y resterai, je m'enchaînerai du côté de Dieu, pour être plus maître du côté de la créature, et je ferai de cet engagement la loi, le mérite et la force de ma vie. C'est dans cette volonté que je baptise mon âme, et je la veux immortelle comme Dieu ! »

Notre Bienheureux a fait cela, mes Frères, il l'a fait pour lui-même, il l'a fait au nom de ceux qui se sont donnés à lui pour l'œuvre qu'il fondait ; il a fait cela au milieu des plus étranges contradictions, des épreuves les plus délicates tout à la fois et les plus crucifiantes, au milieu des humiliations et des traverses de tout genre qui semblaient tous les jours devoir compromettre son entreprise hardie, et, chose étonnante pour ceux qui ne connaissent pas les mystérieux desseins de Dieu, c'est par là qu'elle a vécu et qu'elle a prospéré.

N'en soyez pas surpris, mes Frères, quand Dieu veut agir, il ne se plaît qu'au milieu du néant. C'est alors qu'il édifie les mondes, qu'il jette les soleils dans l'espace, la vie dans la nature, la grâce et l'harmonie partout. Et quand il a rencontré, ce grand Dieu, quelque part, dans une âme, le détachement absolu, la destruction complète de toute volonté propre, alors il agit, et les succès merveilleux, en dehors de toutes les prévisions humaines, et contre toutes les pensées de la terre, font bien voir que l'œuvre est tout entière de sa main.

En voulez-vous la preuve ? Regardez notre Bienheureux. Tant qu'il n'a pas tout quitté, malgré sa vertu et son zèle, il est seul, ou du moins il n'a que des appuis, des coopérateurs sans consistance et qui fléchissent au premier choc. Mais, quand il a mis en pratique la maxime de son vénérable ami, le Père Barré, minime, quand il a fait de la divine Providence, comme le fondement unique sur lequel il établira les écoles chrétiennes, quand il s'est dépouillé de tout, qu'il n'a plus été qu'un bâton docile entre les mains de Dieu, c'est alors qu'il est devenu fort, que des maîtres, des associés, lui sont arrivés de toutes parts, non pas pour repartir le lendemain, ou céder à la première épreuve, mais pour se fixer comme lui dans la pauvreté, la chasteté et l'obéissance au service des pauvres petits enfants.

Et quand il est mort à soixante-huit ans, après quarante années d'une vie la plus crucifiante qu'il soit possible d'imaginer, il eut cette consolation suprême, au milieu des larmes de la séparation, de voir son œuvre assise, et la France, sa patrie, cou-

verte de maisons et peuplée de Frères des écoles
chrétiennes.

Et maintenant, mes Frères, en présence de cette
tombe qui vient de se rouvrir, et d'où s'échappent,
en faisceaux éblouissants, les rayons de la sainteté ;
c'est avec une fierté émue que je contemple l'œuvre
du Bienheureux Jean-Baptiste de la Salle, et que je
la présente, toujours vivante, à l'admiration et à la
reconnaissance de tous les hommes de mon pays.

Les voilà, les voilà, ces Frères, comme autrefois,
toujours debout pour le service de l'enfance et de la
jeunesse, pour l'éducation de son intelligence et de
son cœur.

Regardez-les, ils sont devant vous. Quel reproche
avez-vous à leur faire ? Certes, ce n'est pas leur
capacité qu'on oserait mettre en doute, leurs mé-
thodes sont d'une perfection éprouvée, et leurs
succès dans tous les concours sont la preuve de leur
supériorité indiscutable.

Lors de notre dernière exposition, alors que les
écoles d'Allemagne avaient déjà envoyé les travaux
de leurs élèves, un des professeurs les plus éminents
du Conservatoire des arts et métiers, fut un moment
inquiet, pour la France, du progrès marqué des
écoles d'outre-Rhin, mais quand il vit placer à leur
rang les travaux des élèves des Frères, il ne put se
contenir ; il se jeta au cou du Frère directeur, en

s'écriant : « Mon Frère, vous avez sauvé l'honneur de la France. »

Serait-ce leur patriotisme qu'on voudrait attaquer ? Mais leur courage dans les ambulances, et leur dévouement dans les hôpitaux, vous les montrent aussi généreux et aussi pleins d'abnégation que dans leurs salles de classe, au milieu de leurs chers enfants. Les étrangers le savent bien. On demandait à M. de Bismarck : « Pourquoi il chassait de l'Alsace-Lorraine, ce lambeau toujours saignant de la patrie française, les Frères des écoles ? » — Parce que, répondit-il, ils empoisonneraient l'esprit allemand. » C'est-à-dire que toujours ils auraient entretenu, dans le cœur de leurs élèves, comme le feu sacré, l'amour de la France. Pauvres chers Frères, on vous chasse d'Alsace parce que vous aimez trop la France, et on voudrait vous chasser de France, parce que vous aimez trop le bon Dieu.

L'amour de Dieu, c'est donc là votre crime ! Ah ! soyez-en fiers ! Il est votre force, cet amour, comme il est votre consolation et votre espérance. Il brise tous les liens qui vous attachent à la terre, mais c'est pour mieux vous permettre de vous donner entièrement à la grande œuvre qui est ici-bas toute votre vie et votre meilleur titre au glorieux salaire du ciel.

C'est de toute évidence, mes Frères : quand Dieu remplit une âme, cette âme ne vit plus que pour le vouloir de Dieu, et les fonctions qu'elle remplit alors sont plus qu'un métier honorable, elles deviennent une mission céleste devant laquelle disparaît toute autre pensée et qui absorbe toute l'existence.

Mais, je m'arrête. Je ne veux pas dire : Une nation s'est rencontrée, plus favorisée que les autres des dons de Dieu, à qui le Seigneur, dans sa miséricorde, a envoyé les hommes de son cœur, pour les œuvres de son amour dans l'intérêt de la grandeur et de la prospérité de ce peuple ; et cette nation a trouvé le triste secret de creuser encore l'abîme de l'ingratitude humaine, afin d'y descendre plus bas !... Elle a chassé les Frères alors que les musulmans et les sauvages les appellent de leurs vœux et que toutes les nations civilisées de la terre leur ouvrent les bras.... Mais non, ce n'est pas la France cela ! La France, c'est ce peuple catholique qui, d'une extrémité de son territoire à l'autre acclame le Bienheureux de la Salle ; la France, c'est cette nation incomparable qui a ouvert partout des maisons nouvelles à ces spoliés de l'impiété et de l'athéisme ; la France, ce sont ces hommes du peuple qui, plus que jamais, conduisent aux écoles des Frères leurs enfants à élever ; la France, c'est toute cette jeunesse formée par eux et qui les entoure, comme ici, de leur respect, de leur amour et de leur touchante gratitude !

Ah ! courage, chers Frères, courage ! Votre vie est dure, je le sais, mais c'est la vie de votre Père ; et aujourd'hui, quelle consolation pour vous, quelle gloire, et quelle espérance !

Prenons courage, nous aussi, prêtres et religieux ! C'est un moine, un pape dominicain, Benoît XIII, qui a canoniquement approuvé l'Institut du Bienheureux de la Salle, et aujourd'hui, après un siècle de bouleversements et de révolutions, qui ont changé la face du monde, ce sont toujours les mêmes religieux unis au clergé des diocèses, faisant écho à la grande voix du Vicaire de Jésus-Christ et des évêques, qui viennent proclamer les mérites de cet homme de Dieu dont l'Eglise a béni alors la pensée généreuse.

Courage à vous tous, chrétiens ! Ces manifestations imposantes de la vitalité présente de l'Eglise, si on les rapproche de tout ce qui révèle la vie de l'Eglise dans les siècles passés, vous montrent bien que, malgré nos continuelles épreuves et nos luttes sans trêve, l'impiété passe ; son triomphe n'est que d'un jour, tandis que l'Eglise demeure avec son admirable fécondité, multipliant les Saints, nos modèles et notre appui, par la splendeur de leurs exemples et la puissance de leur protection.

Nancy, imp. de R. Vagner.